BEI GRIN MACHT SICH IHR WISSEN BEZAHLT

AF145646

- Wir veröffentlichen Ihre Hausarbeit,
  Bachelor- und Masterarbeit

- Ihr eigenes eBook und Buch -
  weltweit in allen wichtigen Shops

- Verdienen Sie an jedem Verkauf

Jetzt bei www.GRIN.com hochladen und kostenlos publizieren

GRIN

Bibliografische Information der Deutschen Nationalbibliothek:

Die Deutsche Bibliothek verzeichnet diese Publikation in der Deutschen National-bibliografie; detaillierte bibliografische Daten sind im Internet über http://dnb.d-nb.de/ abrufbar.

Impressum:

Copyright © 2015 GRIN Verlag, Open Publishing GmbH
Druck und Bindung: Books on Demand GmbH, Norderstedt Germany
ISBN: 9783668441453

Dieses Buch bei GRIN:

http://www.grin.com/de/e-book/359183/der-wandel-vom-verkaeufer-zum-kaeufer-markt-durch-die-aktuelle-digitalisierung

Anonym

Der Wandel vom Verkäufer- zum Käufermarkt durch die aktuelle Digitalisierung im Bankensektor

Das Privatkundengeschäft in Deutschland

GRIN Verlag

GRIN - Your knowledge has value

Der GRIN Verlag publiziert seit 1998 wissenschaftliche Arbeiten von Studenten, Hochschullehrern und anderen Akademikern als eBook und gedrucktes Buch. Die Verlagswebsite www.grin.com ist die ideale Plattform zur Veröffentlichung von Hausarbeiten, Abschlussarbeiten, wissenschaftlichen Aufsätzen, Dissertationen und Fachbüchern.

Besuchen Sie uns im Internet:

http://www.grin.com/

http://www.facebook.com/grincom

http://www.twitter.com/grin_com

Hochschule Fresenius

Fachbereich Wirtschaft & Medien

Studiengang Business Administration

Hausarbeit

Der Wandel vom Verkäufer- zum Käufermarkt durch die aktuelle Digitalisierung im Bankensektor

– Anhand des Privatkundengeschäft in Deutschland –

1. Fachsemester

Fach: Wissenschaftliches Arbeiten

Abgabedatum: 09.02.2015

I Inhaltsverzeichnis

II Abbildungsverzeichnis III

1 Einleitung 1

2 Allgemeine Trends/Megatrends 2

   2.1 Internationalisierung 2

   2.2 Digitalisierung 3

   2.3 Demografische Entwicklung 3

   2.4 Veränderung des Nachfrageverhaltens 4

3 Digitalisierung 4

   3.1 Social Media 5

   3.2 Smartphone 5

      3.2.1 Near Field Communication (NFC) 7

      3.2.2 *iBeacon* 7

4 Konkurrenz 9

   4.1 Non- und Nearbanks 9

      4.1.1 Google 10

      4.1.2 Apple 10

      4.1.3 PayPal 11

   4.2 Rivalität und Abgrenzung gegenüber der Konkurrenz 11

5 Kunden-Bank Beziehung 12

   5.1 Der neue Kunde 12

   5.2 Problematik der älteren Generation 13

6 Fazit 14

III Literaturverzeichnis 15

II   Abbildungsverzeichnis

Abb. 1: Darstellung der allgemeinen Einflüsse auf das Bankenumfeld 2

Abb. 2: Anteil der Nutzer des mobilen Internets via Smartphone in Deutschland
in den Jahren 2008 bis 2013 6

Abb. 3: Beispiele Beacons-Leistungen 8

1   Einleitung

Die Situation am Bankenmarkt wird durch verschiedenste Faktoren beeinflusst. Eine wichtige Rolle dabei spielt unter anderem das Internet. Die Internetaktivität wird bis zum Jahre 2020 mindestens 90 % der Bevölkerung betreffen.[1] Leistungen und Produkte werden mehr und mehr über den elektronischen Weg abgewickelt, sodass Institutionen immer weiter in den Hintergrund rücken.[2] Die Vernetzung steigt stetig, die reale und virtuelle Welt verschmelzen. Dies geschieht auch durch die rasante Smartphone-Nutzung, welche mittlerweile auch im Rahmen von Zahlungsabwicklungen genutzt werden.[3] Durch diesen Online-Trend treten unter anderem die so genannten Non- und Nearbanks auf den Markt. Eine Gruppe von Konkurrenten, welche genauer in dieser Arbeit beschrieben wird.

Resultierend aus den oben beschriebenen Einflussfaktoren rücken die Kunden so gegenüber den Verkäufern bzw. den Banken in die Machtposition. Dies wird unter anderem auch durch die zahlreichen Möglichkeiten des Informationsaustausches verstärkt. Auf Grund dessen sind die Kunden besser informiert und können sich besser austauschen.[4] Um diese Kunden zu behalten bzw. neue Kunden zu gewinnen erfordert es ein Umdenken der Banken, um weiterhin am Markt bestehen zu können. Die einst konservative und als relativ sicher geltende Bankbranche steht mitten in einem radikalen Wandel.

Diese wissenschaftliche Arbeit hat zum Ziel, zu untersuchen in wieweit die klassische Bankenbranche von der Digitalisierung beeinflusst wird und wie Marktanteile im Kundengeschäft zurück gewonnen werden können. Zentrale Aspekte die dabei beleuchtet werden sollen, sind die Änderung der Kunden-Bank Beziehung, die Weiterentwicklung von Informations- und Kommunikationstechnologien und der Markteintritt neuer Anbieter. Zunächst werden die Einflussfaktoren auf den in der Bankenbranche stattfindenden Wandel dargestellt, um anschließend auf die daraus folgende Problematik einzugehen. Der Hauptteil wird sich mit den möglichen Maßnahmen zur Verbesserung der Marktstellung befassen und dabei verschiedene Lösungsansätze beschreiben. Es folgt abschließend eine kurze Zusammenfassung.

---

[1] Vgl. Böhnke/Rolfes [2014], S. 33.
[2] Vgl. ebd.
[3] Vgl. Böhnke/Rolfes [2014], S. 18.
[4] Vgl. Schmeisser/Geißler/Schütz [2008], S. 136.

2 Allgemeine Trends/Megatrends

Im folgenden Abschnitt werden zunächst kurz die allgemeinen bzw. grundlegenden Einflussfaktoren, welche durchaus über den Finanzdienstleistungsmarkt hinausgehen, beschrieben. Die sogenannten *Basistrends* oder auch *Megatrends*. Dabei wird sich jedoch an den Veränderungen des Finanzdienstleistungssektors orientiert. In den anschließenden Kapiteln wird dann genauer auf die Brancheninternen Veränderungen eingegangen.

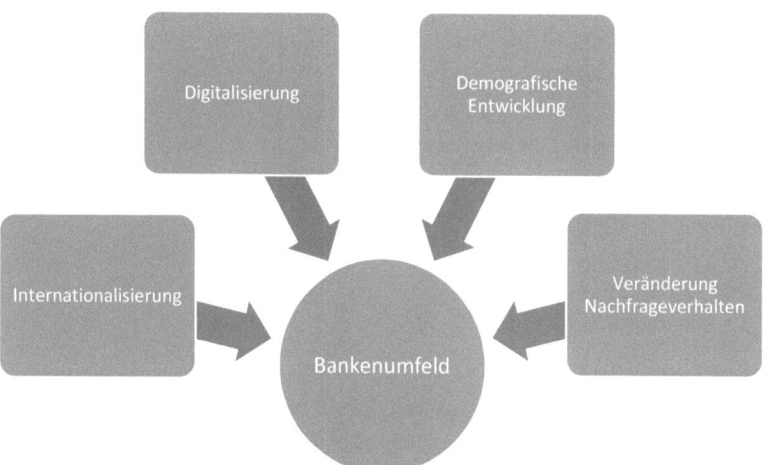

Abb. 1: Darstellung der allgemeinen Einflüsse auf das Bankenumfeld

(Quelle: eigene Darstellung)

2.1 Internationalisierung

Die Internationalisierung verbindet weltweit die Wirtschaft und bezieht dabei die gesamte Welt in den Prozess mit ein. Materialien wie zum Beispiel Öl werden über den ganzen Planeten transportiert und lassen so Kapital von einem zum anderen Land fließen. [5] Informationen werden länderübergreifend übermittelt und tragen so zur Ausweitung der politischen und sozialen Beziehungen bei.[6] Durch die Globalisierung wachsen die Güter- und Finanzmärkte weltweit zusammen. Dies verhilft zwar unter anderem den Direktbanken auf ausländischen Märkten präsent zu sein, nicht jedoch den Filialbanken,

---

[5] Vgl. Harrison [2014], S. 28 ff.
[6] Vgl. Harrison [2014], S. 28; S. 48.

welche auf ihre Zweigstellen angewiesen sind, da der Ausbau des Filialnetzes sehr kostenintensiv ist.[7] Ein wichtiger Punkt, auf den in Kapitel 4 genauer eingegangen wird, ist die durch die Internationalisierung mit sich bringende ausländische Konkurrenz.

2.2 Digitalisierung

Ein wichtiger Faktor der Globalisierung ist vor allem die fortschreitende Entwicklung des Internets. Die Technologie erlaubt es weltweit zu kommunizieren und Informationen auszutauschen. Dabei werden räumliche Distanzen überwunden, um entfernte Aktivitäten zu kontrollieren sowie zu steuern. Die Digitalisierung sorgt für mehr Effizienz und steigert die Produktivität.[8] Auch Social Media bekommt einen immer größeren Stellenwert in der Gesellschaft. Zum Beispiel hat Twitter weltweit einen Neuzugang von 460.000 Menschen pro Tag und die Downloadzahlen von Apps, durch Smartphones, wird weltweit auf 19 Millionen geschätzt.[9] Die reale und virtuelle Welt verschmelzen miteinander. Diese mediale Vielfalt bringt neue Möglichkeiten mit sich, erfordert aber auch ein neues Denken aus Sicht der Banken.[10]

2.3 Demografische Entwicklung

Die Verschiebung der Altersstruktur, bedingt durch die sinkende Geburtenrate und der gegenüberstehenden steigenden Lebenserwartung spielt eine wichtige Rolle, da sich durch den zunehmenden Wohlstand eine Gesellschaft von Vermögenden Kunden auftut.[11] Dies ist auch durch die so genannte *Erben-Generation* zu verzeichnen. Diese Kunden zeichnen sich dadurch aus, dass sie den alten traditionellen Sparbüchern entsagen und auf Wertpapiere und Investmentfonds setzen.[12] Ein weiterer Punkt ist die immer älter werdende Bevölkerung. Es erfordert zunehmend von dem Kunden, sich selbst um seine Altersvorsorge zu kümmern. Bedingt durch diese beiden Entwicklungen wird von der Bank ein stärkeres Vertrauen abverlangt, welches nur durch gute Beratung und Service erreicht werden kann.[13] Ein weiterer Punkt, auf den genauer in Kapitel 5.2 eingegangen wird, ist die Kaufkraft der Generation über 50 Jahre. Diese wachsende Gruppe stellt aus Sich der Banken ein großes Potenzial dar.

---

[7] Vgl. Schwamberger [2008], S. 44 f.
[8] Vgl. Harrison [2014], S. 29 f.
[9] Vgl. Böhnke/Rolfes [2014], S. 11.
[10] Vgl. ebd.
[11] Vgl. Schwammberger [2008], S. 45 f.
[12] Vgl. ebd.
[13] Vgl. ebd.

2.4 Veränderung des Nachfrageverhaltens

Die vorherigen Megatrends beeinflussen das Nachfrageverhalten wesentlich mit. Zum Beispiel sind aufgrund der Digitalisierung der Informationsaustausch und die Informationsbeschaffung einfacher und günstiger als je zuvor. [14] Dies ermöglicht den Kunden unter anderem mehr Vergleichsmöglichkeiten und Alternativen, was zu einer rückläufigen Bindungsbereitschaft führt. [15] Des Weiteren wirkt die demografische Entwicklung durch das steigende Einkommen auf das Nachfrageverhalten ein. In Kapitel 5 wird die Kunden-Bank Beziehung explizit erörtert, um so die wesentlichen Einflussfaktoren des veränderten Kundenverhaltens in der Bankenbranche zu beschreiben.

3 Digitalisierung

Auf das in den vorherigen Kapiteln beschriebene veränderte Nutzerverhalten, bezüglich der Kommunikationstechnologie, müssen sich die Banken einstellen, um ihre Kunden langfristig zu binden oder neue Kunden zu akquirieren. [16] Die Nutzung des Internets ist zu einem unverzichtbaren Alltagsgegenstand unserer Gesellschaft geworden. Dienten die Medien früher hauptsächlich der Informationsbeschaffung, gelten sie heute als wesentliche Vertriebsinstrumente. [17] Es kommen ständig neue Technologien auf den Markt, die das Geschäftsmodell der Banken wesentlich beeinflussen. Dies zeigt sich zunehmend an der Zusammenarbeit der Banken mit digitalen Unternehmen wie zum Beispiel Apple (siehe *iBeacon,* Kapitel 3.2.2). Bereits heute werden 60 % der Transaktionen in Deutschland online oder mobil ausgeführt. [18] Das Interesse der Kunden verschiebt sich zwar in Richtung der digitalen Kanäle, jedoch bedeutet das nicht automatisch ein Filialabbau. Der Umbau des Filialnetzes, abgestimmt auf die Vernetzung, also ein Mix aus der klassischen Filiale und dem Online-Vertrieb/ der Online-Beratung ist vielmehr gefordert. [19] Durch diese effizientere Beratung könnten Kosten eingespart und somit Produkte und Dienstleistungen günstiger angeboten werden. Alles läuft schlussendlich auf eine verbesserte Kundenkommunikation hinaus. [20] Diesen Trend können die Banken zum Beispiel durch die aktive Beteiligung am Social Media Markt und der Smartphone-Nutzung wahrnehmen.

---

[14] Vgl. Mast [2011], S. 88.
[15] Vgl. Bernet/Held [1998], S. 9 ff.
[16] Vgl. Hüthig [2014], S. 7.
[17] Vgl. Schwamberger [2008], S. 47 f.
[18] Vgl. Hüthig [2014], S. 13.
[19] Vgl. Hüthig [2014], S. 13 ff.
[20] Vgl. ebd.

3.1 Social Media

Das Internet wird jedoch nicht nur als reine Informationsquelle genutzt, sondern auch als interaktive Plattform um soziale Beziehungen zu knüpfen und auszubauen. Der Kunde interessiert sich was hinter dem Produkt steht und welche Erfahrungen andere Nutzer gemacht haben. Die Möglichkeit der Bewertung ist hierbei für den Kunden essentiell. Er recherchiert vor einer Entscheidung im Internet.[21] Wurde früher Wert auf Erfahrungen von Freunden und Bekannten gelegt, sind es heute Blogs und Social Networks. Dies eröffnet ein neues Potenzial im Bereich Werbung und des modernen Marketings.[22] Banken können durch aktive Beteiligung am Social Media Markt selbst darauf Einfluss nehmen, wie sie von der Internetgemeinde wahrgenommen werden.[23] Wie schon bereits am Ende des vorherigen Kapitels erwähnt, könnten Banken Social Media dazu nutzen, um die Kundennähe zu verbessern und allgemein ihre Präsenz zu erhöhen. Harald Brock (Doktorand RWTH Aachen, Multikanalexperte und Herausgeber des Buchs „Multi- und Omnichannel Management bei Banken und Sparkassen) äußert sich hierzu folgendermaßen: „Verbände, das Management und Mitarbeiter müssen die Digitalisierung akzeptieren und Potenziale heben."[24] und Felix Stöckle (Partner bei Prophet in Berlin): „Gleichzeitig bedeutet echte Kundenorientierung für die Banken auch, ihre Kultur grundlegend verändern. Die Frage ist: Wie können Geldinstitute ihr umfangreiches Wissen für den Kunden nutzbar machen?"[25] Social Media bringt neue Möglichkeiten der Kundenbindung und -Gewinnung mit sich. Zum Beispiel für die Kunden, die von den Bankinstituten persönlich nicht erreichbar sind. Die sogenannten noch *Nichtkunden* stellen ein großes Potenzial dar.[26] Social Media ist ein weiterer Kommunikationskanal zum Kunden. Soziale Online-Foren werden bereits zu 60 % im Arbeitsalltag genutzt.[27]

3.2 Smartphone

Das Netz ist nicht nur sozial, sondern auch mobil. 1973 wurde erstmalig eine Verbindung zum Internet über ein mobiles Telefon hergestellt.[28] Seitdem hat sich jedoch viel verändert. Dies liegt unter anderem daran, dass die Übertragungsgeschwindigkeit enorm gestiegen ist. Heute nutzen ca. 50 % der deutschen Bevölkerung das Smartphone für Onlineaktivitäten.[29] Laut einer Statistik von Statista, über die Nutzer des mobilen

---

[21] Vgl. Böhnke/Rolfes [2014], S. 19 ff.
[22] Vgl. Baulig [2013], o. S.
[23] Vgl. Baulig [2013], o. S.
[24] Hüthig [2014], S. 19.
[25] Ebd.
[26] Vgl. Böhnke/Rolfes [2014], S. 34.
[27] Vgl. Krah [2014], o. S.
[28] Vgl. Arendt/Gross [2014], S. 39.
[29] Vgl. ebd.

Internet, liegt der Wert höher. Statista gibt einen Anteil von ca. 70 % im Jahr 2013 in Deutschland an. Im Jahr 2008 lag dieser Wert laut Statista noch bei 13 %. Hierdurch wird der rasante Anstieg der Smartphon-Nutzer verdeutlicht. Über Smartphones können Nutzer die unterschiedlichsten Geschäftsvorgänge tätigen. „Der moderne und Zielstrebige Kunde liest Zeitungsartikel über seine App mittels mobilen Internets, zieht Preisvergleiche und kauft innerhalb von wenigen Sekunden seine Produkte im digitalen World Wide Web."[30] Unter anderem stellen Apps eine zusätzliche Werbemöglichkeit dar.[31] Um Geschäfte auch in die virtuelle Welt zu übertragen benötigen Banken zusätzlich Programmierer, Designer, Datenanalysten und Communitymanager.[32] „Der Berater muss buchstäblich auf Knopfdruck im Smartphone erscheinen."[33] Eine Maßnahme, um auf dem Smartphone präsent zu sein, ist zum Beispiel die Gestaltung einer benutzerfreundlichen Oberfläche der eigenen Homepage, sprich die Anpassung des Formates der Internetseite an das Smartphone.[34] Diese Maßnahme erscheint bei der rasanten Entwicklung der Smartphones und der daraus resultierenden sinkenden Computernutzung als sinnvoll.[35] Über diese Homepage können sich die Kunden ihre Informationen beschaffen. Jedoch bindet eine Homepage noch nicht die Kunden an die Bank. Die Kundenbindung kann anschließend von eigenen Apps unterstützt werden.[36]

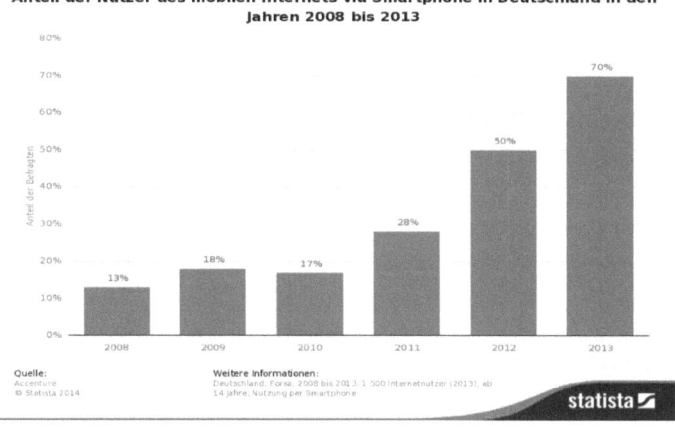

Abb. 2: Anteil der Nutzer des mobilen Internets via Smartphone in Deutschland in den Jahren 2008 bis 2013

(Quelle: Statista GmbH [2014], o. S.)

---

[30] Böhnke/Rolfes [2014], S. 17.
[31] Vgl. Krah [2014], o. S.
[32] Vgl. Burgmaier [2014], o. S.
[33] Böhnke/Rolfes [2014], S. 34.
[34] Vgl. Hüthig [2014], S. 18 ff.
[35] Vgl. Böttcher [2014], o. S.
[36] Vgl. Hüthig [2014], S. 19 f.

3.2.1 Near Field Communication (NFC)

Near Field Communication (NFC) erlaubt es, über einen im Smartphone integrierten Chip, drahtlos Daten auszutauschen.[37] Der Unterschied zu dem bereits bekannten Bluetooth ist, dass diese Daten durch aneinanderhalten zweier Geräte übertragen werden. Daher übersetzt *Nahfeldkommunikation*.[38] Dies kann unter anderem im Rahmen von elektronischen Zahlungsabwicklungen zwischen Smartphones und Terminals genutzt werden. Die Übertragung findet verschlüsselt statt.[39] Das System ist in Japan bereits weit verbreitet und auch in den USA wird es bereits von Anbietern wie Starbucks, Samsung, Google Wallet und PayPal genutzt. Auch Kreditkartenunternehmen wie Visa und Mastercard beteiligen sich an diesem Markt.[40] Dies schafft unmittelbar Konkurrenz zu den traditionellen Banken, welche bei dieser Zahlungsabwicklung in den Hintergrund treten.[41] Hier müssen die Banken rechtzeitig einsteigen, um sich Marktanteile zu sichern. Vorreiter sind die deutsche Sparkasse und die Volksbank. Diese setzen auf ein Prinzip zwischen NFC-Chips ausgestatteten EC-Karten, welche in Verbindung mit dem Smartphone eingesetzt werden.[42]

3.2.2 *iBeacon*

Eine gute Ansprache der Kunden ist durch die Digitalisierung schwierig geworden. Eine weitere Smartphone-Anwendung, neben dem NFC-System, welche dieses Problem lösen könnte, ist *iBeacon*. Hierbei handelt es sich um einen von Apple entwickelten Funksender, der mittels Bluetooth permanent Datenpakete an einen Empfänger bzw. ein Smartphone sendet, welches diese Datenpakete (Beacons) mit einer entsprechenden App und der Berechtigung empfängt.[43] Diese Datenpakete können Mitteilungen/Information beinhalten. Durch diese neue innovative Funksender-Technologie haben Banken die Möglichkeit die Kundenbindung auszubauen und neue potenzielle Kunden für ein Bankgeschäft zu akquirieren, welche sich ohnehin in der Filiale aufhalten und so bereits auf Bankgeschäfte eingestellt sind.[44] Dies könnte zum Beispiel eine auf dem Smartphone erscheinende Begrüßung sein. Aber auch die Anzeige der Wartezeit bis der nächste Kundenberater zur Verfügung steht, der nächstmögliche Termin, der aktuelle Kontostand oder Produktangebote, nachdem der Kunde das System angefragt hat, sind möglich. Außerdem lassen sich Werbung und

---

[37] Vgl. Lange Verlag GmbH & Co. KG [2012], S. 402.
[38] Vgl. Lange Verlag GmbH & Co. KG [2012], S. 32.
[39] Vgl. Lange Verlag GmbH & Co. KG [2012], S. 402 f.
[40] Vgl. Lange Verlag GmbH & Co. KG [2012], S. 32.
[41] Vgl. Böhnke/Rolfes [2014], S. 18 f.
[42] Vgl. Lange Verlag GmbH & Co. KG [2012], S. 32.
[43] Vgl. Brock [2014], S. 48.
[44] Vgl. ebd.

sonstige aktuelle Informationen versenden.[45] Des Weiteren lässt sich diese Technologie auch außerhalb der Bankfiliale einsetzen. Zum Beispiel kann der Kunde wenn er ein Autohaus besucht, welches in Kooperation zur Bank steht, von dort direkt eine Anfrage über Kreditkonditionen an seine Bank stellen. Die steigende Kunden-Bank-Interaktion, durch die Verschmelzung von Online und Offline, erhöht die Nachfrage und stärkt die Kundenbindung.[46] Jedoch stellt sich die Frage wie mit dem Thema Sicherheit und Datenschutz umgegangen wird. Noch erfordert dieses System einen offenen Bluetooth-Zugang, wodurch die Gefahr der Datenauslese entsteht.[47] Dies stellt noch ein nicht irrelevantes Risiko dar. Ein weiteres Problem ergibt sich aus der Bluetooth-Aktivierung. Kaum einer hat sein Bluetooth aktiviert, da dies die Akku-Laufzeit der Smartphones extrem verkürzt. Jedoch muss die Bluetooth-Funktion aktiviert sein, damit überhaupt erst Daten bzw. Beacons von dem Sender empfangen werden können.[48] Für Abhilfe des Problems könnte hier die neue Bluetooth-Technologie *BLE* (Bluetooth Low Energy) sorgen. Diese neue Technologie ist speziell für das verschicken kleinerer Datenmengen ausgelegt und verbraucht so 60-80 % weniger Strom als das klassische Bluetooth.[49]

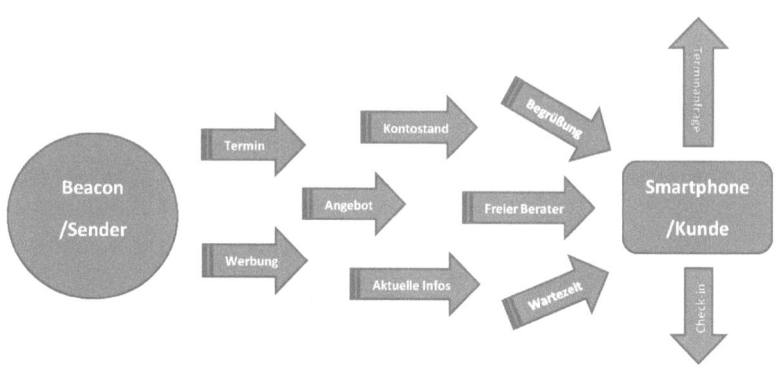

Abb. 3: Beispiele Beacons-Leistungen

(Quelle: Eigene Darstellung)

---

[45] Vgl. Brock [2014], S. 48 f.
[46] Vgl. ebd.
[47] Vgl. Kühner [2014], o. S.
[48] Vgl. ebd.
[49] Vgl. About iBeacon.com [o. J.], o. S.

4 Konkurrenz

4.1 Non- und Nearbanks

Wie in Kapitel 2.1 erwähnt, bringt die Internationalisierung auch Konkurrenten mit sich. Neben der brancheninternen Konkurrenz gibt es eine weitere Gruppe welche im Wettbewerb zu den traditionellen Kreditinstituten steht. Diese nennt man Non- und Nearbanks. Nonbanks sind branchenfremde Unternehmen, welche zusätzlich zum Kerngeschäft Finanzdienstleistungen als Service anbieten.[50] Beispiele hierfür sind Autohäuser oder sonstige Warenhäuser, welche ihre Produkte mit der Möglichkeit der Finanzierung anbieten. Nearbanks wie zum Beispiel Leasinggesellschaften bieten dagegen bankähnliche Finanzdienstleistungen an.[51] Der Vorteil gegenüber den klassischen Kreditinstituten liegt in dem bereits durch die Haupttätigkeit vorhandenen Kundenkreis. Die Kreditgeschäfte wirken sich zusätzlich profitabel aus und der Marktzugang ist einfach.[52] Sie können zusätzlich die Kundenbeziehung langfristig stärken, da die Bereitschaft der Verbraucher Finanzdienstleistungsverträge mit Non- und Nearbanks abzuschließen hoch ist. Diese *Nichtbanken* machen durch ihre aggressive Vermarktungstechnik der niedrigen Zinskredit-Preise auf sich aufmerksam und reizen mit ihren Produkten.[53] Banken leben von der Zinsspanne die sich aus der Gegenveranlagung ergibt. Die Non- und Nearbanks hingegen können ihre Finanzdienstleistungen dagegen viel kostengünstiger anbieten, da sie von dem Hauptgeschäft und somit von der Handelsspanne leben.[54] Außerdem kennen sie durch den schwellenlosen Kundenkontakt die Kundenbedürfnisse besser als die Kreditinstitute und müssen nicht zusätzlich ein Filialnetz aufbauen.[55] Daraus resultiert ein ungleicher Konkurrenzkampf. Global gibt es mehr als 3000 Finanzdienstleister/Start-ups mit einem rein digitalen Geschäftsmodell. Diese zeichnen sich durch Innovative Ideen kombiniert mit moderner Technik aus, wodurch sie für die klassischen Banken existenzbedrohend werden können.[56]

Im folgenden Abschnitt werden einige dieser Konkurrenten explizit vorgestellt und so deren Markteintritt in den Finanzdienstleistungssektor genauer dargestellt. Hierbei handelt es sich unter anderem um erst kürzlich auf den Finanzmarkt getretene Unternehmen. Durch diese Unternehmen wird sehr gut der Zusammenhang zu der im

---

[50] Vgl. Schmeisser/Geißler/Schütz [2008], S. 130 ff.
[51] Vgl. ebd.
[52] Vgl. ebd.
[53] Vgl. ebd.
[54] Vgl. Ambros [1995], S. 99 ff.
[55] Vgl. ebd.
[56] Vgl. Hüthig [2014], S. 13 ff.

vorherigen Kapitel beschriebenen Digitalisierung durch Social Media und Smartphones dargestellt.

4.1.1 Google

Google ist dahingehend als Konkurrent zu betrachten, da das Unternehmen eine Banklizenz besitzt.[57] Diese Lizenz beinhaltet unter anderem die Möglichkeit Online-konten zu eröffnen. Google hat daher die Möglichkeit eigene Bankinstitute aufzubauen.[58] Finanzdienstleistungen bietet Google bereits mit seinem eigenen NFC-Zahlungsdienst namens *Google Wallet* an. Partner von Google Wallet sind unter anderem Visa, American Express und Discover.[59] Die Anmeldung erfolgt über das Google-Konto, indem Zahlungsinformationen wie die Kreditkartenangaben hinterlegt und gespeichert werden. Bei einem Einkauf muss der Käufer sich anschließend nur noch über sein Smartphone mit dem Google-Account anmelden. Die restliche Zahlungsabwicklung erfolgt über die Google Wallet-App.[60] Durch diese Maßnahmen sollen die Kunden stärker an das Unternehmen gebunden werden. Die Abbuchung findet zwar momentan immer noch auf einem Bankkonto statt, jedoch bekommt die Bank nur eine geringe oder keine Provision von Google.[61] Das Unternehmen ist dahingehend ein Konkurrent zur Bank, da es die gesammelten Kundeninformationen, das Zahlungsverhalten, Einkaufsverhalten und Suchverhalten für sich nutzen kann. So werden genaue Angebote für individuelle Bedürfnisse geschaffen.[62] Auf der anderen Seite besitzen die klassischen Banken aufgrund des Datenschutzes ein höheres Vertrauen gegenüber Unternehmen wie Google.[63]

4.1.2 Apple

Apple bietet Finanzähnliche Dienstleistungen über *ApplePay* an. Bei ApplePay handelt es sich um ein von Apple angebotenes NFC-Bezahlsystem, um Zahlungen im stationären Handel und auch im E-Commerce abzuwickeln.[64] Auch hier tritt die Bank bei der Zahlungsabwicklungen nur noch im Hintergrund auf. Bei dem System von Apple dient das iPhone (erstmalige Anwendung: iPhone 6) als technische Schnittstelle zwischen Kreditkartenanbieter und Händler. Das Smartphone ist mit einem Chip

---

[57] Vgl. Auge-Dickhut/Liebetrau [2014], S. 26.
[58] Vgl. Elsner/Semle [2012], S. 2.
[59] Vgl. Sawall [2011], o. S.
[60] Vgl. Google Inc. [o. J.], o. S.
[61] Vgl. Nestler [2014], o. S.
[62] Vgl. Auge-Dickhut/Liebetrau [2014], S. 26.
[63] Vgl. Bay [2014], S. 2.
[64] Vgl. Apple Inc [o. J.], o. S.

ausgestattet, auf dem die Zahlungsdaten gespeichert werden.[65] Apple arbeitet ebenfalls mit Anbietern wie Visa, MasterCard und American Express zusammen.[66] Bei dem von Apple angebotenen NFC-System findet die Anmeldung über das iTunes-Konto statt. Dies ist ein großer Vorteil, da iTunes über ca. 800 Millionen Nutzer verfügt.[67] Jedoch besitzt Apple zurzeit in Europa nur einen geringen Marktanteil von etwa 12 % und Kreditkarten sind in Deutschland weitaus weniger verbreitet als zum Beispiel in den USA.[68]

4.1.3 PayPal

Neben Google besitzt auch das Unternehmen PayPal eine Banklizenz.[69] PayPal unterscheidet sich jedoch von Google dahingehend, dass das Unternehmen von Bankkonten abhängig ist.

> „PayPal enables any business or consumer with email to send and receive Internet payments securely, conveniently and cost-effectively. PayPal's account-based network builds on the existing financial infrastructure of bank accounts and credit cards to create a global payment system."[70]

Des Weiteren unterscheidet sich PayPal gegenüber den zuvor beschriebenen Konkurrenten, durch die Benachteiligung aufgrund der fehlenden Hardware und mangelnden Beteiligung am stationären Handel.[71] Demgegenüber steht dennoch die Anzahl der Internetkäufe, die über das Bezahlsystem abgewickelt werden. Ein Viertel aller Internetkäufe werden von den 15 Millionen Nutzern in Deutschland über PayPal abgewickelt.[72]

4.2 Rivalität und Abgrenzung gegenüber der Konkurrenz

Rivalität entsteht, wenn Konkurrenz die eigene Position verbessern möchte. Maßnahmen zur Verbesserung der Position auf dem Markt, wirken sich auf die wechselseitig abhängigen Unternehmen aus.[73] Strategische Schritte um die Lage zu verbessern sind zum Beispiel neue Leistungen, Marketinginnovationen oder Produktänderungen. Ein weiterer Einflussfaktor der die Rivalität ändert ist unter anderem

---

[65] Vgl. Klotz [2014], S. 1 f.
[66] Vgl. Krah [2014], o. S.
[67] Vgl. Klotz [2014], S. 1 f.
[68] Vgl. Bay [2014], S. 1.
[69] Vgl. Auge-Dickhut/Liebetrau [2014], S. 26.
[70] Ebay Inc. [2002], o. S.
[71] Vgl. Klotz [2014], S. 2.
[72] Vgl. Sinn/Schmundt [2014], S. 23; Krah [2014], o. S.
[73] Vgl. Porter [1999], S. 50.

der technologische Fortschritt.[74] Die Strategischen Schritte werden in drei Hauptstrategietypen unterteilt. In der Differenzierung, der Konzentration auf Schwerpunkte und der Kostenführerschaft.[75] Da die Konkurrenz die Produkte kostengünstiger anbieten kann (siehe Kapitel 4.1: Non- und Nearbanks), differenziert sich die klassische Bankenbranche durch die bessere Beratung (siehe Kapitel 3: Digitalisierung). Die Differenzierung verringert die Preisempfindlichkeit durch den besseren Service bzw. der Qualität. Dabei setzt dieser Strategietyp einen guten Ruf voraus.[76] Dieser ist jedoch aufgrund des Vertrauensverlusts in den letzten Jahren als schwierig zu betrachten.[77] Ein weiteres Risiko besteht in dem Kostenfaktor, der sich aus der intensiven Kundenbetreuung ergibt.[78] Zur Umsetzung der Differenzierung, die unter anderem wesentlich zur Unternehmenskultur beiträgt, erfordert es kreative Menschen.[79] Wie in Kapitel 3.2 beschrieben könnten das zum Beispiel Programmierer, Designer, Datenanalysten und Communitymanager sein.

5   Kunden-Bank Beziehung

5.1   Der neue Kunde

Das Kundenverhalten wird bestimmt von ökonomischen, sozialen und psychischen Faktoren.[80] Durch die veränderten Marktgegebenheiten wird es immer schwieriger Kunden voraus zu planen.[81] Durch den verbesserten und umfassenderen Informationsaustusch über das Medium Internet und die dadurch erhöhte Transparenz, welche unter anderem aus dem erhöhten Fachwissen und dem größeren Angebot von Leistungen entsteht, können die informierten Kunden ein besseres Preis-Leistungsverhältnis sowie eine schnellere Abwicklung verlangen.[82] „So steigen mit zunehmenden Niveau der Bedürfnisbefriedigung die Ansprüche der Menschen." [83] Sie sind aktiver und fordernder geworden und setzen die Margen dabei unter Druck.[84] Hinzu kommt durch die zunehmende Standardisierung der Leistungsangebote ein neues, ausgeprägtes Bedürfnis nach Individualisierung der Kunden.[85] Die Kunden verlangen Finanzdienstleistungen, die auf ihre Bedürfnisse zugeschnitten sind und mit denen sie

---

[74] Vgl. Porter [1999], S. 55.
[75] Vgl. Porter [1999], S. 75.
[76] Vgl. Porter [1999], S. 74.
[77] Vgl. Elsner/Semle [2012] S. 2.
[78] Vgl. Porter [1999], S. 74.
[79] Vgl. Porter [1999], S. 78.
[80] Vgl. Bernet/Held [2014], S. 9.
[81] Vgl. Danzer [1995], S. 8.
[82] Vgl. Schmeisser/Geißler/Schütz [2008], S. 136 f.
[83] Auge-Dickhut/Liebetrau [2014], S. 24.
[84] Vgl. Mast [2011], S. 91.
[85] Vgl. Bernet/Held [1998], S. 10.

sich identifizieren können. Unter anderem ändert der heutige Kunde öfter sein Kaufverhalten, da die Persönlichkeit in einer ständigen Entwicklung ist.[86] Diese Machtverschiebung wird gestärkt bzw. gesichert durch kritische Reaktionen von Seiten der Kunden, bei Nichterfüllung der Bedürfnisse. Eine dieser Reaktionen wäre zum Beispiel der Wechsel des Kreditinstitutes oder eine schlechte Bewertung.[87] Eine einseitige Kommunikation funktioniert immer weniger. Die Kunden wollen immer häufiger in den Unternehmensprozess eingebunden werden. Sie verlangen eine angemessene Aufteilung des Erfolges bei Vertragsabschluss und ein fairen Interessensausgleich. Gefordert sind Offenheit und Transparenz.[88] Vermehrt tritt auch immer häufiger das sogenannte Lifestyle-Bedürfnis auf. Die Kunden wollen nicht nur rational mit Arbeit verbunden werden. Sie möchten vermehrt Unterhaltung.[89]

Zusammenfassend lassen sich die Merkmale des neuen Kunden beschreiben als:

- ➢ Besser informiert

- ➢ Erhöhte Wechselbereitschaft

- ➢ In der Machtposition

- ➢ Ausgeprägtes Bedürfnis nach Individualisierung

- ➢ Schwer planbar

- ➢ Hohe Ansprüche

- ➢ Kritischere Betrachtungsweise

- ➢ Verstärktes Lifestyle-Bedürfnis

5.2 Problematik der älteren Generation

Wie bereits in Kapitel 2.3 thematisiert, ergeben sich durch den Trend des demografischen Wandels und der daraus resultierenden, immer älter werdenden Gesellschaft, neue Chancen im Finanzsektor. Die Kaufkraft der über 50 jährigen stellt ein bedeutendes Potenzial dar.[90] Dementgegen steht die Digitalisierung, welche sich

---

[86] Vgl. Schwamberger [2008], S. 46 f.
[87] Vgl. Schmeisser/Geißler/Schütz [2008], S. 127 ff.
[88] Vgl. Auge-Dickhut/Liebetrau [2014], S. 24 f.
[89] Vgl. Welsch [2008], S. 59.
[90] Vgl. Niemann [2014], o. S.

zunehmend überfordernd auf die ältere Generation auswirkt. Dies wird durch die schnelllebige Zeit und die technische Erneuerung vorangetrieben.[91] Folgen sind Resignation durch Distanzierung und Suche nach Vertrautem.[92] Eine Maßnahme, um das Interesse der Zielgruppe an der Technik zu steigern und so zum aktiven nutzen zu motivieren, wäre zum Beispiel eine persönliche Beratung.[93] Dabei sind die Vorteile und die bequeme Handhabung zu verdeutlichen. Die persönliche Beratung ist durch die Digitalisierung nicht zu vernachlässigen, da die ältere Generation dies durch das hohe Qualitätsbewusstsein sehr wertschätzt. Der Berater sollte als Partner bzw. Vertrauensperson agieren, der den Kunden durch die unübersichtliche Digitalisierung leitet. Die Bedürfnisse des Kunden sind an den Verkauf anzupassen.[94]

6. Fazit

Der Wissensvorsprung der Finanzdienstleistungsmärkte gegenüber den Kunden sinkt infolge der Digitalisierung und der damit verbundenen einfachen Informationsbeschaffung. Zusätzlich treten neue Marktanbieter auf den Markt, infolge dessen die Wechselbereitschaft der Kunden zunimmt. Diese neuen Start-ups haben zwar vorerst nur einen geringen Marktanteil, jedoch sollte die wachsende Branche nicht unterschätzt werden.[95] Stattdessen müssen sie als ernstzunehmende Konkurrenten, die in den Bankenmarkt eindringen, erkannt werden. Die Kommunikationstechnologie infolge der Digitalisierung ist als neue Kundenkultur zu verstehen und zu akzeptieren, um sich so an das geänderte Konsumentenverhalten anzupassen und auf innovative Lösungen einzulassen. Dies kann durch einen verbesserten Online-Auftritt erfolgen. Die persönliche Beziehung des Kunden zur Bank sollte dabei nicht verloren gehen. „Grade weil der Markt immer technisierter und unpersönlicher wird, legen die Kunden großen Wert auf eine kompetente Beratung."[96] Das bedeutet für die Banken verstärkt Beratung sowie individuelle Problemlösungen anbieten, um sich so von den Newcomern abzugrenzen. Alternative Beratung, angepasst an den technologischen Fortschritt. Es gilt den Kundenwert zu erkennen und die Kommunikationsbeziehung zu pflegen. Schlussfolgernd lässt sich sagen, dass auch in Zukunft der Kunde, trotz der Digitalisierung, für bestimmte Dienstleistungen einen Berater und Fachgespräche aufsuchen wird.

---

[91] Vgl. Ambros [1995], S. 252.
[92] Vgl. ebd.
[93] Vgl. Niemann [2014], o. S.
[94] Vgl. ebd.
[95] Vgl. Dapp/Stobbe/Wruuck [2013], S. 3 ff.
[96] Schmeisser/Geißler/Schütz [2008], S. 129.

III   Literaturverzeichnis

About iBeacon.com [o. J.]

    What is iBeacon? What are iBeacons?, verfügbar unter:
    http://www.ibeacon.com/what-is-ibeacon-a-guide-to-beacons/ (11.12.2014).

Ambros, H. [1995]

    Virtual Reality- Virtual Banking. Strukturen am Scheideweg, Ein
    Langzeitszenarium (Betriebswirtschaftliche Schriftenreihe, 34), Wien 1995.

Apple Inc. [o. J.]

    Apple Pay, verfügbar unter: https://www.apple.com/apple-pay/ (02.02.2015).

Arendt, D./ Gross, M. [2014]

    Mobiles E-Government: Aktuelle Lösungen als Treier des klassischen E-
    Governments, in: Innovative Verwaltung, 36. Jg., Nr. 9., 2014, S. 39-40.

Auge-Dickhut, S./ Liebetrau, A. [2014]

    Zukunftsmodell. Nur wenn sich Banken radikal ändern, werden sie überleben,
    in: Bankmagazin, 63. Jg., Nr. 7/8, 2014, S. 24-26.

Baulig, B. [2013]

    Dossier: Banken rüsten sich für die digitale Zukunft – Teil 1, verfügbar unter:
    http://www.springerprofessional.de/dossier-banken-ruesten-sich-fuer-die-
    digitale-zukunft/3930732.html (20.11.2014).

Baulig, B. [2013]

    Banken im Handlungsbedarf in Social Media, verfügbar unter:
    http://www.springerprofessional.de/die-beliebtesten-banken-im-social-
    web/4591190.html (20.11.2014).

Bay [2014]

    Apple Pay in Deutschland. Warum Apple vor einem Flop stehen könnte,
    verfügbar unter: http://www.handelsblatt.com/unternehmen/banken-
    versicherungen/banken/apple-pay-in-deutschland-warum-apple-vor-einem-flop-
    stehen-koennte/10993796.html (18.12.2014).

Bay [2014]

Apple Pay in Deutschland. Apple kommt an den Sparkassen nicht vorbei, verfügbar unter: http://www.handelsblatt.com/unternehmen/banken-versicherungen/banken/apple-pay-in-deutschland-apple-kommt-an-den-sparkassen-nicht-vorbei/10993796-2.html (18.12.2014).

Bernet, B./ Held, P. P. [1998]

Relationship Banking. Kundenbeziehung profitabler gestalten, Wiesbaden 1998.

Böhnke, W./ Rolfes, B. [2014]

Profil und Profitabilität – Geschäftsmodelle der Banken im Umbruch. Beiträge des Duisburgers Banken-Symposiums, 1. Aufl., Wiesbaden 2014.

Böttcher, G. [2014]

Der Einfluss von Mobile wächst rasant, verfügbar unter: http://www.springerprofessional.de/der-einfluss-von-mobile-waechst-rasant/5438338.html (18.11.2014).

Brock, H. [2014]

Kundenansprache. Neue Chancen der digitalen Interaktion nutzen, in: Bankmagazin, 63. Jg., Nr. 11, 2014, S. 48-49.

Burgmaier, S. [2014]

Bankstrategie. Mehrwert offensichtlicher präsentieren, verfügbar unter: http://www.springerprofessional.de/mehrwert-offensichtlicher-praesentieren/5400658.html (20.11.2014).

Danzer, H. [1995]

Qualitätsmanagement im Verdrängungswettbewerb. Der Schlüssel zum Überleben im Käufermarkt, Wuppertal 1995.

Dapp, F./ Stobbe, A./ Wruuck, P. [2013]

Die Zukunft des (mobilen) Zahlungsverkehrs. Banken im Wettbewerb mit neuen Internet-Dienstleistern, verfügbar unter: www.dbresearch.de/PROD/DBR...DE.../PROD0000000000301018.PDF (03.02.2015).

Ebay Inc. [2002]

eBay to Acquire PayPal. About PayPal, verfügbar unter:
http://investor.ebayinc.com/releasedetail.cfm?releaseid=84142 (18.12.2014).

Elsner, D./ Semle, F. [2012]

Banken in Social Media. Das Social-Media-Dilemma. Google Banking: Wie
neue Akteure den Markt verändern werden, verfügbar unter:
http://www.handelsblatt.com/meinung/gastbeitraege/banken-in-social-media-
google-banking-wie-neue-akteure-den-markt-veraendern-werden/6444560-
2.html (04.01.15).

Google Inc. [o. J.]

Über Google Wallet, verfügbar unter:
https://support.google.com/wallet/answer/105653?hl=de (02.02.2015).

Harrison A. [2014]

Business Environment in a Global Context, 2. Aufl., New York 2014

Hüthig, S. [2014]

Druck zur Digitalisierung wächst, in: Bankmagazin, 63. Jg., Nr. 9, 2014, S. 7.

Hüthig, S. [2014]

Digitalisierung. Viel mehr als ein Projekt, in: Bankmagazin, 63. Jg., Nr. 10,
2014, S. 12-21.

Klotz, M. [2014]

NFC. Apple Pay könnte sich auszahlen, verfügbar unter
http://www.golem.de/news/nfc-apple-pay-koennte-sich-auszahlen-1409-
109181.html (18.12.2014).

Krah, E. [2014]

Apple Pay kurbelt Wettbewerb um Bezahldienste an, verfügbar unter:
http://www.springerprofessional.de/apple-pay-kurbelt-wettbewerb-um-
bezahldienste-an/5387530.html (20.11.2014).

Krah, E. [2014]

Wie Social Media in der Finanzbranche wirken kann, verfügbar unter:
http://www.springerprofessional.de/wie-social-media-in-der-finanzbranche-
wirkt/5432350.html (20.11.2014).

Kühner, A. [2014]

Beacons eröffnen neue Wege im Mobile Marketing, verfügbar unter:
http://www.springerprofessional.de/beacons-eroeffnen-neue-wege-im-mobile-
marketing/5447000.html (20.11.2014).

Lange Verlag GmbH & Co. KG [2012]

Auslaufmodell Bargeld? Wie wir morgen bezahlen werden, in: WISU - Das
Wirtschaftsstudium, 41. Jg., Nr. 4, 2012, S. 402-403.

Lange Verlag GmbH & Co. KG [2012]

Near Field Communication. Mobile Payment, in: WISU - Das
Wirtschaftsstudium, 41. Jg., Nr. 1, 2012, S. 32-34.

Mast, C. [2011]

Unternehmenskommunikation. Kundenkommunikation, in: WISU - Das
Wirtschaftsstudium, 40. Jg., Nr. 1, 2011, S. 88-96.

Nestler, F. [2014]

Banklizenz für Internetgeschäfte. Googles Weg zur Sparkasse, verfügbar unter:
http://www.faz.net/aktuell/finanzen/banklizenz-fuer-internetgeschaefte-googles-
weg-zur-sparkasse-13005707.html (04.01.2015).

Niemann, S. [2014]

Generation 50plusals Kunden gewinnen, verfügbar unter:
http://www.springerprofessional.de/generation-50plus-als-kunden-
gewinnen/5429234.html (20.11.2014).

Porter, M. E. [1999]

Wettbewerbsstrategie. Methoden zur Analyse von Branchen und Konkurrenten,
10. Aufl., Frankfurt Main/New York 1999.

Sawall, A. [2011]

Umfrage: 67 Prozent der Deutschen lehnen Google Wallet ab, verfügbar unter:
http://www.golem.de/1109/86598.html (18.12.2014).

Schmeisser, W./ Geißler, J./ Schütz, K. [2008]

> Zum Wandel der Finanzdienstleistungsmärkte (Finanzwirtschaft, Finanzdienstleistungen, Empirische Wirtschaftsforschung, 9), München/Mehring 2008.

Schwammberger, E. [2008]

> Die Zukunft der Bankfiliale, Saarbrücken 2008.

Sinn, W./ Schmundt, W. [2014]

> Deutschlands Banken 2014. Jäger des verlorenen Schatzes, verfügbar unter: http://www.bain.de/publikationen/articles/deutschlands-banken-2014.aspx (03.02.2015).

Statista GmbH [2014]

> Abb. 2: Anteil der Nutzer des mobilen Internets via Smartphone in Deutschland in den Jahren 2008 bis 2013, verfügbar unter: http://de.statista.com/statistik/daten/studie/197383/umfrage/mobile-internetnutzung-ueber-handy-in-deutschland/ (15.11.2014).

Welsch R. [2008]

> Die Bank der Zukunft – die intelligente Verknüpfung von realem und virtuellem Banking, in: Spath, D./ Bauer, W./ Engstler, M. (Hrsg.): Innovationen und Konzepte für die Bank der Zukunft. Mit modernen Vertriebslösungen und optimierten Wertschöpfungsprozessen künftigen Herausforderungen begegnen, 1. Aufl., Wiesbaden 2008, S. 57-64.

BEI GRIN MACHT SICH IHR WISSEN BEZAHLT

- Wir veröffentlichen Ihre Hausarbeit,
  Bachelor- und Masterarbeit

- Ihr eigenes eBook und Buch -
  weltweit in allen wichtigen Shops

- Verdienen Sie an jedem Verkauf

Jetzt bei www.GRIN.com hochladen
und kostenlos publizieren